LA BRETAGNE

Présentation :

HENRI QUEFFÉLEC

Séquences :

PIERRE LEPROHON

SOLAR

UNE BEAUTE
INGENUE ET SUBTILE

Célébrer la beauté d'un pays n'est pas un jeu inoffensif, surtout si l'on s'adresse à de futurs visiteurs. Chaque voyage est une aventure physique et spirituelle. Tant de facteurs peuvent le gâcher.

Avec allégresse, nous courons cependant le risque. Les photographies que ce livre rassemble comme un faisceau de preuves appuient trop bien une conviction réfléchie. Nous ne parlons pas ici au nom de l'amour inné de notre Bretagne maternelle et paternelle, mais en homme dont la vie aura traversé deux grandes guerres, qui a vu beaucoup de pays et de peuples, recueilli des foules de jugements. Combien elles sont rares les allergies au charme de la Bretagne! Nous affirmons qu'elle demeure toujours, pour la France et pour toute l'Europe, un finistère de beauté ingénue et subtile.

La dernière guerre, l'urbanisation, l'uniformisation du réseau routier et l'arasement de nombreux talus, la prolifération des résidences secondaires et les excès du camping sauvage, etc. ont porté ou portent un coup à de très nombreux sites, mais on dirait que la grâce et la force bretonnes jouent avec ces désagréments. Ici, le voyageur qui ne s'arrête pas au menues déceptions toujours possibles, se sent envahi naturellement par un esprit d'émerveillement et de joie. Il savoure le bonheur de respirer. De contempler comme dans leur jeunesse, quel que puisse être le tourment de leurs formes, le ciel, la terre et la mer. Le bonheur de retenir à son tour leurs images. Je songe à ces Autrichiens se levant de table dans un restaurant pour photographier les énormes crabes-dormeurs qu'on leur apportait. A ces Anglais de Belle-Ile s'aplatissant contre des roches, carnet de croquis en main, pour capter les rayons de soleil rasant la houle qui avaient séduit Claude Monet...

Impressionné par le château de Nantes, Henri IV disait que les Ducs de Bretagne n'avaient pas été "de petits compagnons".

Ni pour la France, ni pour chaque voyageur s'initiant de bonne foi au charme breton, la Bretagne n'est une petite campagne.

Province active, bien charpentée, bien irriguée, bien diverse, riche de 350.000 kilomètres carrés et de plus de trois millions et demi d'habitants, elle n'offre pas aux amis de la montagne, sur ses vieux terrains primaires, un seul sommet dépassant quatre cents mètres; mais combien elle justifie son surnom de "péninsule armoricaine"! De la baie du Mont-Saint-Michel (dont elle revendique une partie des grèves) à Pornic (car elle s'étend par delà l'estuaire de la Loire), elle dispose contre la Manche, au nord, l'Atlantique, à l'ouest et au sud, trois mille kilomètres d'extraordinaires entrelacs : grèves et plages, rias et caps, isthmes et îles, ilets et golfes, criques et rades. Il y a la Côte d'Emeraude, il y a la Côte de Nacre, il y en a cent autres, car toutes les diaprures y passent. Du fait de sa propre splendeur, comme de la richesse des ciels, "l'estran" — ces paysages que la mer et la terre se prennent et se renvoient dans le jeu imperturbable des marées — n'est nulle part au monde plus beau qu'en Bretagne. Voyez les grandes marées basses autour de l'Ile Bréhat, de l'Ile Molène, de l'Ile Vierge. Considérez, entre Quiberon et Carnac, les multitudes qui cherchent coquillage dans les sables délivrés par le jusant.

L'hélioanémothalassothérapie a pris naissance au bord de ces eaux. Les écoles de voile prolifèrent... Et en même temps, alors même que ses campagnes se transforment, la Bretagne se refuse à oublier son "cheval d'orgueil" à oublier qu'elle fut terrienne. La grande région vague, qu'on appelait l'Argoat — le pays des bois — et qu'on appelle plutôt désormais "la Bretagne intérieure", attire de plus en plus par son climat de féerie. C'est le pays par excellence des manoirs, des ruisseaux à truites, des rivières canalisées où le temps s'arrête, mais aussi de la polychromie des panoramas assiégeant les croupes et les crêts des "menez" et des "roc'h". Rares sont les massifs forestiers, mais, peuplés surtout de feuillus, sis dans de beaux reliefs accidentés, ils prolongent sur notre époque les romans de chevalerie et de la recherche du Graal : Huelgoat, le Cranou, et d'abord Paimpont-Brocéliande.

La Bretagne chrétienne participe de plein droit à la Bretagne intérieure. Avec ses vieilles cathédrales, ses innombrables chapelles "perdues". Tant de croix de chemin; tant d'églises de campagne nichées dans des "enclos paroissiaux" où l'extase des personnages d'un grand calvaire rayonne parfois à l'entour...

Même s'il est indéfinissable en une formule claire, il existe un art de Bretagne. Une "guise" artistique intéressant la sculpture et l'architecture, le vitrail et la musique. On peut visiter la Bretagne comme on visite la Grèce, à la fois pour ses monuments et pour ses paysages. Découvrir une mystérieuse parenté entre les motifs de la chambre dolménique de Gavrinis et les spirales chères au celtisme.

La Bretagne intérieure, c'est donc aussi la population bretonne, avec son histoire et sa culture. La langue parlée jadis dans la moitié occidentale de la province et qui va toujours son chemin. Derrière ou dans la civilisation technique, un très riche fond celte se dissimule. Faussement réputée jadis comme illettrée, la Bretagne manifeste aujourd'hui une vie intellectuelle ardente et sa jeunesse voyage beaucoup, dans les pays comme dans les idées.

S'initier au charme breton n'est pas ignorer les difficultés économiques assaillant la Bretagne. Elles sont encore la Bretagne intérieure! La peine des hommes a créé ou maintenu ce que vous admirez aujourd'hui et l'on se réjouit que la province fasse front puisqu'elle bénéficie enfin d'un "solde migratoire positif".

Les crêpes de blé noir que vous savourez à Quimper, à Pontivy, au Croisic, il est improbable qu'elles méritent le nom d'autochtones. Vous observerez aussi qu'à la fin du marché la belle dentellière bigouden range ses produits dans une voiture de tourisme et que la haute coiffe disparaît dans un carton à chapeau... Sourions! L'exubérance des "merveilleux nuages" qui courent au-dessus de vos têtes, les cris des oiseaux de mer, le parfum pêche de vigne des ajoncs, la stature du menhir, les rires des enfants qui se baignent dans les rouleaux ne trichent pas. Ni ce rayon de soleil qui se pose pour vous sur le granit tout pastillé de lichens d'une vieille Pieta. Ni cette odeur d'abîme qui monte pour vous de ces goémons entortillés dans la laisse de marée.

"Mon enfant, ma sœur,
Songe à la douceur
D'aller là-bas vivre ensemble."

Que l'invitation au voyage breton vous vienne d'un autre ou de vous-même, nous espérons que vous le suivrez.

Inutile d'emporter des vitamines. Sachez plutôt trois choses : que le gris en Bretagne, dans le ciel et sur la pierre, est prodigieusement riche en nuances; que le soleil marin, même blotti dans la brume, frappe avec une grande force; que l'humour breton existe. Non, vous ne partez pas pour un pays de tristesse. André Roussin vous le dit, les Marseillais sont beaucoup moins gais que les Bretons.

HENRI QUEFFELEC

Plus qu'une province, mieux qu'une région, la Bretagne est une terre. Une terre qui, par sa formation géologique, par sa position géographique, se situe au seuil des âges, à l'ère primaire — bastion avancé d'un futur continent devant les abîmes atlantiques... La plus vieille terre de France avec le Massif Central qui lui ressemble par certains points. Mais, ici, côte à côte et sans cesse affrontés depuis des millénaires, les deux éléments porteurs de la vie, la terre et l'eau, le roc et le flot, le solide et le mouvant, livrés à une lutte incessante sur cette côte qui les sépare et les unit.

D'où ces déchirures, ces brisures, ces rocs comme des vagues pétrifiées, ces vapeurs d'écume qui flottent sur les brisants !

D'où ces grandes peurs des hommes, ces légendes tragiques de villes englouties, ces âmes qu'on dit errantes et dont les plaintes gémissent dans la tempête. La prescience d'un au-delà qui prolonge la richesse du passé... La terre des plus âpres réalités et de la foi la plus profonde !

On ne s'étonnera pas qu'elle ait su préserver ce qui la caractérise, et qu'en dépit des assauts de l'espace et du temps, cette terre nous apparaisse aujourd'hui encore si différente de ses voisines. Sans que ce caractère, pourtant, suscite un isolement, sans que cette terre s'enferme dans son passé ! Mais au contraire, ouverte sur le continent auquel elle appartient comme la proue appartient au navire. Ouverte sur l'Océan porteur d'aventures et d'inconnu. Au long des siècles, par ses navigateurs et ses bardes, la Bretagne a fait la preuve de son audace et de son esprit.

De même serait-il vain de croire que la Bretagne fût seulement la terre de l'angoisse et du malheur — que la bruine sans fin noyât les choses, enveloppât les cœurs d'une sorte de linceul. Elle a ses tempêtes et ses drames, mais aussi ses printemps et ses fêtes. Une douceur, parfois, qui laisse l'âme enchantée devant ses landes fleuries, ses jours de grand calme où la mer n'est plus qu'un murmure, comme d'une présence aimée.

Avant d'être la Bretagne, cette terre fut l'Armorique, "le pays de la mer". Tout itinéraire se brise pour la rejoindre. Autour de la presqu'île bretonne, il faudra sans cesse quitter les villes blotties au creux des estuaires pour aller vers ces pointes qui s'avancent vers le large, témoins des luttes séculaires et découvrir, sur l'horizon marin, ces milliers d'îlots et de récifs qui prolongent la terre... Et c'est la mer, toujours, que l'on verra, remontant avec les marées, par les rivières, jusqu'au cœur des campagnes paisibles. C'est la mer qui souffle son haleine dans le vent, jusqu'aux abords de l'Argoat, le "pays des bois"...

PIERRE LEPROHON

A gauche, un calvaire dans l'île de Hoédic. A droite, la statue de sainte Anne, patronne de la Bretagne, à Sainte-Anne-la-Palud.

LE MONT-SAINT-MICHEL
"AU PERIL DE LA MER"

On ne saurait aborder la Bretagne par la côte nord sans faire étape au Mont-Saint-Michel. Il en est la porte — admirablement ciselée — que la fantaisie d'une rivière a, selon le dicton populaire, enlevé à la terre bretonne:

> "Le Couesnon, dans sa folie,
> A mis le mont en Normandie..."

Vers le milieu du premier millénaire, peut-être vers le VIIIème siècle, la vaste forêt de Scissy recouvrait ce qui est aujourd'hui la baie du Mont-Saint-Michel. La mer envahit peu à peu cette plaine boisée d'où la végétation disparut, et seuls subsistèrent le rocher de Tombelaine et le mont Tombe, deux îlots que la marée vient battre chaque jour.

L'origine religieuse du mont est consécutive à l'apparition de saint Michel à Aubert, évêque d'Avranches, au début du VIIIème siècle. Le mont Tombe fut alors consacré à l'archange; de premières constructions furent bâties sur le rocher, un oratoire, puis une abbaye carolingienne. Au cours des siècles suivants, des monuments s'élevèrent au flanc du mont, jusqu'à le recouvrir d'un manteau de merveilles architecturales, romanes, puis gothiques, pour en faire à la fois une église et une forteresse.

Mais c'est d'abord sa situation, au milieu de l'immensité des sables, sa forme pyramidale, comme un élan mystique vers le ciel, qui font du Mont-Saint-Michel l'un des sites les plus grandioses que l'on puisse voir en France.

Au bas de l'abbaye, ceinturé par les remparts, le bourg ne comporte guère que la grand'

rue aux maisons anciennes, transformées en boutiques de souvenirs et en restaurants. Et les touristes d'aujourd'hui, comme les pèlerins du Moyen-Age, se pressent dans l'étroite voie! Il faut attendre le soir et le départ des visiteurs pour goûter l'émouvante beauté du Mont-Saint-Michel, dit "au péril de la mer" en souvenir des trépassés perdus dans les sables mouvants de la baie.

Une digue relie aujourd'hui le mont au continent. Elle se poursuit vers la Bretagne, à quelques kilomètres de là, par une route qui forme elle-même digue, à la façon néerlandaise. Et

A gauche, les pinacles du chœur du Mont-Saint-Michel. Ci-dessus et à droite : vues générales du Mont, au milieu des sables mouvants.

c'est bien un polder que cet ancien marais de Dol, gagné sur la mer pour y implanter des cultures de maïs et de blé. 15.000 hectares furent asséchés depuis le XIIème siècle; les moulins qui s'échelonnent sur la route — même s'ils ont perdu leurs ailes — disent encore que les récoltes y furent abondantes! En bordure de la baie, les herbages permettent l'élevage des fameux moutons de pré-salé.

Au cœur de cette plaine, Dol-de-Bretagne est un gros bourg avec de vieilles maisons à croisillons et la magnifique cathédrale Saint-Samson. Elle date du XIIIème siècle et comporte, sur le flanc droit, un très beau portail du XVème.

La baie du Mont-Saint-Michel se ferme à l'ouest par la pointe du Grouin, au-delà de Cancale, centre réputé de l'ostréiculture. Sur le port et devant les parcs qui s'étendent à gauche de la jetée, on peut déguster les huîtres et les moules dites de bouchots, selon le terme qui désigne les pieux sur lesquels on les recueille.

Le Mont-Saint-Michel : A gauche en haut, l'église et l'abbaye. Ci-contre, les voûtes d'une salle désaffectée. Ci-dessus, le chœur et l'autel de l'église. A droite, détail de l'architecture des voûtes.

SAINT-MALO, LA CITÉ DES CORSAIRES

De Cancale à Sables-d'Or-les-Pins, la côte — qu'on nomme ici la Côte d'Emeraude — dessine une ligne sinueuse sur laquelle alternent les éperons rocheux, qui sont autant de belvédères, et les baies aux plages de sable blond. Des villes, très proches les unes des autres, sont ports tranquilles ou stations animées, autour de Saint-Malo, qui fait figure de petite capitale avec son passé riche d'Histoire.

Saint-Malo — dit ailleurs saint-Maclou — évêque du pays de Galles venu pour évangéliser la région, fut à l'origine de la ville, fondée sur un îlot alors inhabité. Au XIIème siècle, elle devint siège d'un évêché et montra par la suite un tel esprit d'indépendance qu'au moment de la Ligue, elle se déclara république, affirmant bien haut: "Ni Français, ni Breton, Malouin suis!"

La république ne dura que quatre ans. Mais dans l'histoire des découvertes, Saint-Malo devait marquer sa vocation. C'est le pays natal de grands navigateurs et d'intrépides corsaires: Jacques Cartier, au début du XVIème siècle, découvre et baptise le Canada d'un nom dérivé du huron et qui signifie village; Porcon de la Barbinais, qui paya de sa vie son respect de la

A gauche, une vue de Dinan il y a quelques années: aux portes de la Bretagne. Ci-dessous, à gauche et à droite, Saint-Malo, le port de plaisance et les remparts; vue générale de la cité (détruite pendant la guerre) en cours de reconstruction. Ci-contre, les curieux brise-lames de l'avant-plage.

parole donnée; Duguay-Trouin, le plus fameux corsaire...

A 18 ans, il commande une corvette. Fait prisonnier par les Anglais, il s'évade grâce à l'amitié de la fille de son geôlier qui prend en pitié le jeune captif. Il court de nouveau les mers, du Spitzberg au Brésil où, avec 17 vaisseaux et 7.000 hommes, il s'empare de Rio et ramène une rançon qui permit aux armateurs malouins de prêter 30 millions de livres-or au roi Louis XIV!

En 1773, un siècle exactement après Duguay-Trouin, naît Surcouf, corsaire non moins fameux mais plus féroce. Il pratique la traite des Noirs, même après que la Convention l'interdît; il terrorise les marins anglais sur l'Océan Indien. Sa tête est mise à prix, mais il se retire dans sa ville natale, dont il devient, grâce à ses "prises de guerre", l'un des plus riches armateurs!

Ce "nid de corsaires" a vu naître aussi de grands esprits : Lamennais (1782-1854), prêtre contestataire qui rompit avec Rome et publia, en 1834, *Paroles d'un croyant;* et aussi Chateaubriand (1768-1848), dont le tombeau s'élève sur l'île du Grand-Bé, en face de Saint-Malo.

Au cours de la dernière guerre, Saint-Malo fut transformée par l'occupant nazi en une véritable forteresse qui devait entraîner à la libération sa quasi destruction. Attaquée en août 1944 par les forces américaines, elle fut bombardée pendant plusieurs semaines. Les incendies laissèrent des monceaux de ruines, mais les remparts — construits de 1708 à 1737 — résistèrent aux bombes. L'intelligence de la reconstruction a permis de rendre à la ville et notamment aux belles maisons des armateurs leur aspect d'autrefois.

Ci-dessus et ci-contre, deux aspects des remparts de Saint-Malo. A droite, en haut, pont couvert et habité, entre deux immeubles de la vieille ville. Ci-contre, un aspect de la promenade des remparts.

DIVERSITE DE LA COTE D'EMERAUDE

Le site de Saint-Malo se compose de trois centres, bâtis sur trois collines : Saint-Malo, Paramé et Saint-Servan. Trois lieux dont la diversité fait le premier charme.

Enfermé dans ses remparts, Saint-Malo, "intra muros", forme un très bel ensemble de rues animées aux maisons de granit. Tours et portes en marquent les accès. A l'est et au sud, les bassins et le port de plaisance disent l'importance du trafic maritime qui va des services avec les îles anglo-normandes à la pêche à la morue. A l'ouest, les remparts dominent de haut les plages et les îles voisines : celle du Grand-Bé et l'île de Cézembre, ancien bastion avancé des corsaires.

A l'intérieur de la cité malouine, des musées évoquent son histoire et la cathédrale Saint-Vincent a retrouvé sa flèche, dressée au-dessus des toits d'ardoise bleue.

Au-delà du port où se pressent barques et yachts, Saint-Servan enserre la baie des Sablons. La cité d'Aleth occupe la pointe. D'origine gallo-romaine, elle fut ravagée par les Normands et détrônée au profit de sa voisine. Il faut franchir plusieurs siècles pour découvrir Paramé, de l'autre côté de Saint-Malo... Paramé aux quartiers neufs au-delà de la vaste plage qui s'étend jusqu'à Rothéneuf. Trois agglomérations qui embrassent deux millénaires et répondent aussi bien aux passions des érudits qu'à la joie des plaisanciers !

L'estuaire de la Rance sépare cet ensemble de Dinard, la plus élégante station de la Côte d'Emeraude. L'abondance de ses plages, le charme archaïque de ses villas nichées dans les verdures et surtout la douceur d'un climat qui favorise une végétation quasi méditerranéenne — aloès, palmiers, mimosas — font de Dinard un lieu de séjour privilégié. Adossés aux collines qui bordent la Rance, ses arrière-plans boisés permettent de joindre aux plaisirs de la mer ceux de la campagne ! Et la remontée de la Rance en bateau, entre des rives verdoyantes, est une excursion à ne pas manquer ! On verra au passage le barrage et l'usine marémotrice de la Rance, la première expérience d'utilisation des marées pour créer de l'énergie.

Contraste encore avec Dinan, ville-musée, riche des souvenirs de la duchesse Anne et de Du Guesclin. Cité du Moyen-Age aux ruelles tortueuses où il faut voir le château, la basilique, les couvents et aussi les belles promenades des remparts dominant la vallée.

On rejoint Dinard par la route, pour retrouver les joies de la mer tout au long d'un chapelet de ravissantes stations, blotties au creux des anses boisées : Saint-Lunaire, Saint-Briac, Saint-Cast, aux sept plages, d'où la route en corniche conduit au cap Fréhel. Ce promontoire qui s'avance hardiment vers le large porte deux phares, dont l'un est désaffecté. Le second compte parmi les plus puissants de France. Il domine une vaste lande préservée, que tapissent bruyères, genêts, ajoncs, fleurs de toutes sortes. Des pentes abruptes dévalent vers la mer, soixante mètres plus bas, où la houle bat furieusement les rocs, les jours de mauvais temps.

En haut, le site de Saint-Servan. Au-dessous, les remparts et, ci-contre, le tombeau de Chateaubriand sur l'îlot du Grand-Bé.

15

LA BAIE DE SAINT-BRIEUC

A trois kilomètres de la mer, Saint-Brieuc occupe un promontoire que cernent deux rivières, le Gouédic et le Gouët. Celui-ci a été canalisé pour faire de cette ville terrienne aussi une cité maritime.

De part et d'autre, les plages succèdent aux falaises, abritant des stations comme Erquy et le Val-André, les Rosaires, la plus proche de Saint-Brieuc qu'animent un club nautique et une école de voile. Sur la côte ouest se situent Binic, un petit port de pêche, Etables et Saint-Quai-Portrieux, dont les "sentiers de douaniers" permettent de découvrir de jolies vues sur la baie.

Ici, comme dans toute la province, l'amateur de vieilles pierres pourra trouver matière à s'émouvoir. Si l'on n'est pas encore au pays des calvaires, nombreuses sont les chapelles solidement bâties en granit du pays.

Mais on ne saurait pénétrer plus avant en Bretagne sans être attiré par une spécialité régionale — qui fait le bonheur des touristes sobres et celui des jeunes voyageurs impécunieux : la crêpe... La crêperie offre au client un décor souvent pittoresque et toute une gamme de galettes de sarrasin et de crêpes de froment, les unes salées, à l'œuf, au jambon, au fromage; les autres sucrées, au miel, à la confiture, au cognac. La bolée de cidre doux accompagne avec bonheur ces mets simples mais savoureux.

A gauche, le fort de La Latte. Ci-dessus, la plage de Saint-Quay-Portrieux. Ci-contre, la chapelle de Ker-Maria.

AU PAYS DE "LA PAIMPOLAISE"

Paimpol fut, pour toute une génération, le symbole de la Bretagne. La chanson de Théodore Botrel : *La Paimpolaise,* et, peut-être plus encore, le roman de Pierre Loti, *Pêcheur d'Islande,* évoquent la nostalgie du marin "parti sur les mers lointaines".

Si l'on peut s'émouvoir encore aux amours de Yann et de Gaud, leur drame appartient au passé, au moins en ce qui concerne Paimpol. La grande pêche à la morue sur les bancs de Terre-Neuve et d'Islande ne se pratique plus à Paimpol. Les concurrences, islandaise et scandinave, ont fermé les marchés étrangers. Du port où s'embarquaient les "Terre-Neuvas" ne partent plus que les yachts de plaisance et quelques chalutiers pour la pêche côtière qui doit alimenter la table des touristes !

Du souvenir de l'œuvre de Loti, il reste cette maison du XVIème siècle où vécut le romancier et dont il fit la maison de Gaud. Et, plus émouvant, au cimetière de Ploubazlanec, l'ossuaire au mur duquel s'inscrivent les noms des marins "perdus en mer".

La petite ville est bien située. Elle est faite pour le voyageur qui préfère, aux plaisirs de la

Ci-dessus et ci-dessous : le port principal de Bréhat ; à gauche, l'église de Paimpol ; à droite, type de la flore à Bréhat. Une fontaine à Loguivy.

plage, les joies de la promenade, voire de la randonnée, ou simplement la contemplation d'une nature qui sait, ici encore, unir la grandeur au charme. Et c'est pourquoi, sans doute, la pointe de l'Arcouët — au nord de Paimpol — attira tant d'hôtes illustres, artistes et savants, notamment les Curie, à "l'hôtel du Barbu".

La pointe de Guilben et celle de Plouézec, accessibles par des sentiers qui longent la falaise, Loguivy, petit port de pêche, les ruines de l'abbaye normande de Beauport, fondée au XIIIème siècle, le château de la Roche-Jagu sont autant de buts de promenades.

Mais c'est surtout l'île de Bréhat qui retiendra l'attention. Toute proche de Paimpol et surtout de l'Arcouët — dix minutes de traversée — elle est heureusement interdite aux voitures. Il faut prendre le temps de la parcourir à pied et de s'y attarder pour goûter la richesse de sa flore — cèdres et mimosas, figuiers et aloès — ses découpures de rocs et ses îlots de récifs, ses plages et ses belvédères. De la chapelle Saint-Michel, il suffit de trente mètres pour dominer toute la côte de la baie du Trieux.

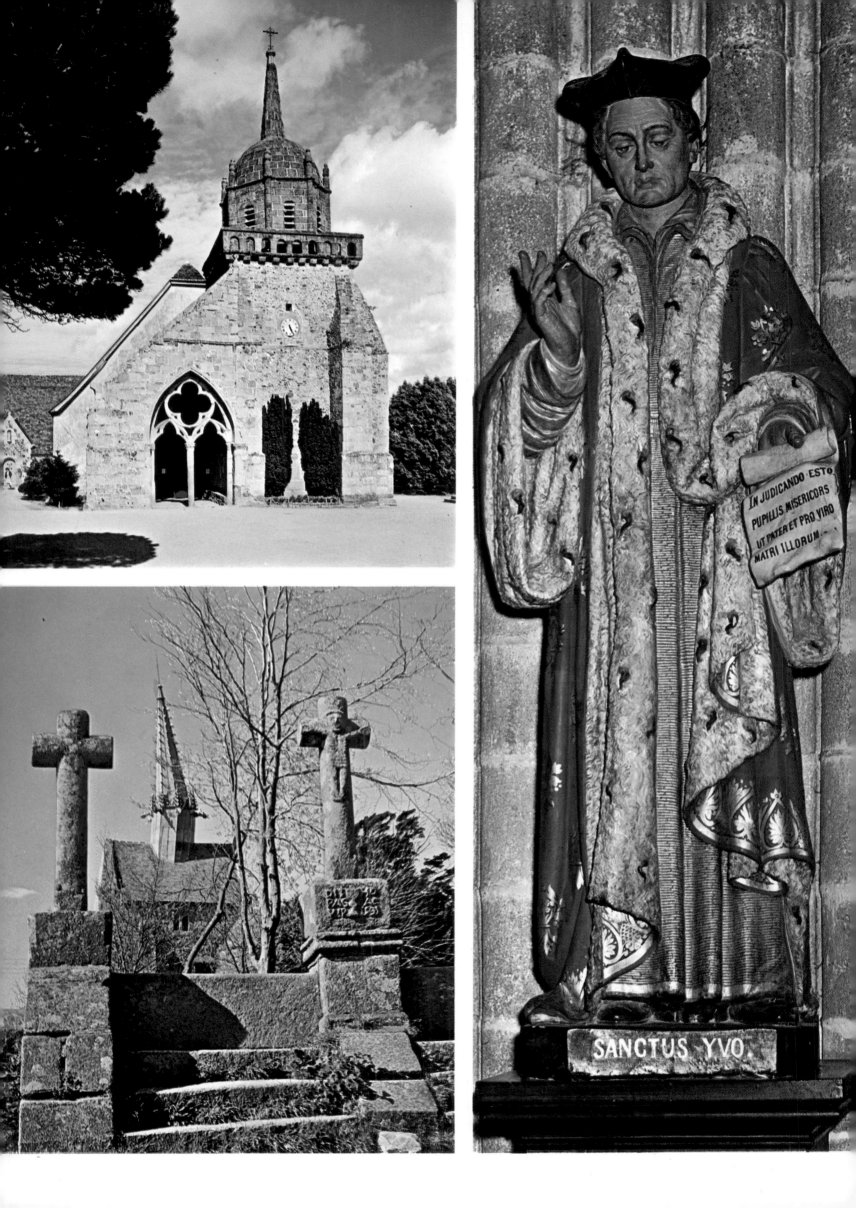

SANCTUS YVO.

IN JUDICANDO ESTO
PUPILLIS MISERICORS
UT PATER ET PRO VIRO
MATRI ILLORUM

LA COTE DE GRANIT ROSE

La côte ainsi dénommée s'étend de l'estuaire du Trieux à Saint-Michel-en-Grève. Elle doit son nom aux blocs de rochers que quelque cataclysme semble avoir jeté sur le littoral.

Tréguier, d'une part, Lannion, de l'autre, commandent tout un chapelet de stations dont Perros-Guirec est la reine. Tréguier, petite ville étagée à l'estuaire du Jaudy, évoque des souvenirs qu'il convient de rappeler. Sa cathédrale à la flèche élancée est une des plus remarquables de la côte nord de Bretagne. Elle est dédiée à Saint-Tugdual qui fonda l'abbaye au VIème siècle. Mais le saint le plus populaire de Tréguier, et même de toute la Bretagne, est "Monsieur Saint Yves", le consolateur des humbles et le défenseur des opprimés. Il naquit à Minihy-Tréguier en 1253, fut ordonné prêtre après avoir fait ses études à Paris et exerça la fonction de magistrat à l'évêché de Tréguier où il se fit l'avocat des pauvres. Canonisé en 1347, il est devenu le patron des avocats. Il est aussi le seul saint breton — et ils sont nombreux! — à être reconnu par l'Eglise. Les principaux furent les fondateurs des sept évêchés bretons : Tugdual à Tréguier, Corentin à Quimper, Samson à Dol, Pol-Aurélien à Saint-Pol-de-Léon, Patern à Vannes, Malo à Saint-Malo et Brieg à Saint-Brieuc. Et combien d'autres, de Thégonnec à Guénolé, ont conquis leur culte local!

Tréguier fut aussi la ville natale d'Ernest Renan. Elle lui a consacré un musée et élevé une statue, bien que nombre de ses concitoyens ne lui aient pas pardonné son athéisme.

Les noms des bourgs voisins sont souvent dotés des préfixes *Tre* et *Plou* qui signifient respectivement, en breton, le village et la paroisse : Tréguier, mais aussi Trégastel, Trestraou, Trevou, Tréguignec, Trébeurden, et Ploumanach. On peut atteindre ce charmant petit port de Perros-Guirec, par le sentier des douaniers qui serpente en corniche le long de la côte, à travers un chaos de rochers roses.

De Trégastel, des vedettes effectuent le tour des Sept Iles qui furent, avant la marée noire de 1978, le paradis des oiseaux de mer. Des 300 couples de Fous de Bassan que comptait l'île de Rouzic, un dixième à peine a survécu. Cette réserve ornithologique a compté jusqu'à 60.000 oiseaux de mer.

Entre Trégastel — où l'on peut voir l'aquarium et un musée de la préhistoire — et Trébeurden, des millénaires se répondent, avec le menhir christianisé de Saint-Duzec et le centre de Télécommunications spatiales de Pleumeur-Bodou dont on visitera l'étrange coupole blanche posée sur la lande.

La route de la Corniche bretonne, qui court de Perros-Guirec à Trébeurden, ramène à Lannion, petite ville tranquille, en liaison par voie ferrée avec les grands centres de la province.

A gauche, en haut, l'église de Perros-Guirec. Au-dessous, la chapelle avec le clocher penché et le calvaire de Saint-Gonery. Ci-contre, à Tréguier, la statue de saint Yves, patron de la Bretagne. A droite, la plage de Perros-Guirec et, au-dessous, la Corniche de l'Armorique, près de Plestin-les-Grèves.

Ci-dessus, l'oratoire de saint Guirec à Ploumanac'h. Ci-dessous, un aspect de la côte, à proximité de Ploumanac'h. A droite, maison à Plougrescant. Au-dessous, deux aspects de Pleumeur-Bodou : un ancien menhir transformé en calvaire et deux fermes au milieu des champs, à côté du radôme de la centrale nucléaire.

LA COTE DE LEON

Le Finistère commence à Morlaix mais sa région n'a pas encore le caractère âpre du "Finis Terrae", cette pointe extrême du continent européen. C'est une ville ancienne qu'enjambe un viaduc, à 58 mètres de hauteur, et dont les rues dévalent vers les quais de l'estuaire.

En 1505, la reine Anne de Bretagne y séjourna, lors d'un pèlerinage à Notre-Dame de Folgoët. On visite sa maison, très caractéristique du style régional, avec sa cour close et son toit à lanterne. La fabrique de cigares maintient une tradition remontant au temps de la Compagnie des Indes.

La rivière de Morlaix débouche sur une baie profonde. A droite, Saint-Jean-du-Doigt et Plougasnou conduisent vers les pointes de Primel et du Diben. Le pardon de Saint-Jean-du-Doigt, en juin, est toujours très suivi. C'est là aussi une tradition séculaire que ces processions, avec bannières, chants et costumes... Seules occasions pour les Bretonnes d'aujourd'hui de sortir des armoires, les beaux atours de leurs grands-mères !

Sur la rive gauche de l'estuaire, c'est Carantec, Saint-Pol-de-Léon et Roscoff. La cathé-

Ci-dessus et ci-contre, détails du calvaire de Saint-Thégonnec. A droite, aspect de l'île de Batz et vue de Roscoff. Ci-contre, à droite, motifs statuaires à Guimiliou.

drale de Saint-Pol et plus encore la chapelle du Kreisker sont remarquables. Le clocher du Kreisker, haut de 77 mètres, est le prototype des clochers bretons, avec sa flèche ajourée et ses quatre clochetons d'angle.

Le pays de Léon est terre de cultures : primeurs, oignons et artichauts font l'objet d'un trafic important vers l'Angleterre et le continent.

Plus au nord, sur cette côte véritablement cisaillée, Roscoff possède un institut de cures marines et une station biologique rattachée à l'Université de Paris. Son aquarium présente les variétés de la faune de la Manche, poissons, crustacés et coquillages. Les moines capucins plantèrent, en 1625, dans la cour de leur couvent un figuier qui prospéra si bien qu'il produit toujours des fruits et couvre 600m2!

La petite île de Batz a déjà l'austérité des îles du Finistère. Une terre sans arbre, une ceinture de récifs... Les hommes sont en mer; les femmes cultivent quelques maigres arpents et récoltent le goémon.

Au sud de Morlaix, à la base des Monts d'Arrée, dans la direction de Brest, c'est la route des "enclos paroissiaux" − portes monumentales, chapelles, calvaires. Saint-Thégonnec, Lampaul, Guimiliau, Plougastel-Daoulas sont admirables. Ils comprennent plusieurs centaines de personnages, illustrant la vie du Christ et celle de Marie. Il faudrait des pages pour détailler la richesse de ces véritables représentations taillées dans le granit et dont la rusticité ajoute encore à la beauté. Cet art des calvaires bretons est à la province ce que la fresque est à l'Italie. Il constitue un témoignage de la volonté d'exprimer la foi, non seulement dans les églises et dans les chapelles mais au cœur de la nature et de la vie, en offrant ces naïves figures au soleil, au vent, aux embruns...

LA COTE DES ABERS ET L'ILE D'OUESSANT

L'appellation vient du breton qui désigne par *aber* l'estuaire, surtout, comme c'est ici le cas, lorsqu'il s'enfonce profondément dans les terres : Aber Wrach, Aber Benoît, Aber Ildut... Cette côte s'étend sur tout le pourtour nord-ouest de la péninsule. C'est l'une des plus préservées de la Bretagne, par l'absence de grandes agglomérations et de vastes plages. Mais elle offre, surtout au randonneur pédestre, une diversité, une beauté des paysages marins sans cesse renouvelée.

On peut la suivre, de Brignogan au Conquet, par des routes côtières que coupent des bifurcations vers chaque pointe du littoral. Mais le bon marcheur peut suivre la côte de plus près, par des chemins et des sentiers tracés sur la falaise.

L'Aber Wrach forme un véritable fjord aux rives encaissées qui se prolonge sur près de 15 kilomètres. Un petit port langoustier est établi à l'abri de la presqu'île Sainte-Marguerite. Au-delà du fond de l'aber, la route conduit au Folgoët, connu pour son église gothique et son grand pardon de septembre.

La partie ouest, qui fait face à l'Atlantique, est la plus exposée aux sinistres marées noires ! Portsall, petit port de pêche, en a fait la cruelle expérience ces dernières années. Plus au sud, le bord occidental du plateau de Léon est une région sauvage, peu habitée, que l'on parcourt à travers les landes de bruyères et d'ajoncs. Kersaint, Porspoden, Trezier marquent les étapes vers le Conquet, qu'une route de 4 kilomètres relie à la pointe Saint-Mathieu, la plus avancée du continent et l'un des impressionnants belvédères de Bretagne.

Le Conquet pratique la pêche de la langouste et du homard. C'est la première escale des services de bateaux qui relient Brest à Ouessant. La seconde est Molène, pays des goémonniers... Au-delà, deux îles perdues, Bannec et Balanec, et le passage du Fromveur, de réputation redoutable ! Le cinéaste Jean Epstein a tourné dans ces parages, au cours des années 1928/30, ses admirables films : *Finis Terrae* et *Mor-Vran*.

Un service quotidien relie Brest à Ouessant. Mais l'excursion d'un jour ne peut donner qu'une image incomplète d'Ouessant. Il faudrait la voir hors saison, même si la brume est fréquente et le vent terrible ! Il faut aller de Lampaul à Créac'h, à la baie du Stiff. Cinq phares ceinturent l'île entourée de récifs dangereux. Et pour cette raison, Ouessant est une île sans pêcheurs. L'absence d'abris côtiers, l'insécurité des ports, la violence des courants rendent impossible toute exploitation importante.

Univers à part, Ouessant doit trouver dans le renouveau de l'esprit écologique les raisons d'une survie et du maintien des îliens sur leur terre ingrate. L'archipel tout entier fait partie du "Parc régional naturel d'Armorique". Ouessant domine l'océan de 40 mètres. C'est un plateau couvert de fleurs au printemps et dont le climat, même en hiver, est particulièrement doux.

A gauche, deux aspects de l'Aber Wrach. A droite, en haut, photo prise à l'île Molène. Au-dessous, les récifs d'Ouessant.

LA RADE DE BREST

La position géographique de Brest a déterminé son histoire. Poste avancé à la proue de l'Europe, sa valeur stratégique est d'autant plus grande que sa rade est l'une des plus fermées et capable d'abriter toute la flotte d'une nation.

Fortifiées par les Romains, occupées par les Anglais, Brest et sa rade doivent leur vocation militaire à Colbert. Il créa le génie maritime, fit construire des vaisseaux. Duquesne, puis Vauban poursuivirent sa tâche. Dès le XVIIème siècle, Brest était la cité des marins.

La guerre la ravage pendant quatre ans. Les installations portuaires, l'arsenal sont détruits par les occupants, avant leur retraite : les Français en 1940, les Allemands en 1945. La ville est écrasée sous les bombardements alliés durant ces quatre années.

Brest est aujourd'hui une ville neuve. Elle a refait ses rues, développé ses ports : port militaire à l'embouchure de la Penfeld, port de commerce, face au Cours Dajot, dont la belle terrasse fut construite au XVIIème siècle par les forçats (le bagne étant alors à Brest), port de plaisance, de création plus récente. L'arsenal s'est adapté aux nécessités nouvelles de la guerre sous-marine. Et le fameux pont mobile de Recouvrance domine à nouveau bassins et navires.

Brest vit de son arsenal, de sa marine, de son commerce... Ce n'est pas un port d'escale mais un port de guerre. On visite l'arsenal, le musée naval, les quartiers de marins. Mais la rue de Siam a perdu son pittoresque vanté par Mac Orlan!

Plougastel-Daoulas, dont nous avons signalé le beau calvaire à personnages, est au centre

d'une presqu'île sillonnée de petites routes, dans un paysage vallonné où les hameaux gardent leur aspect un peu secret et leurs traditions locales.

Au sud enfin, la presqu'île de Crozon se déploie en éventail, de la pointe des Espagnols au cap de la Chèvre. Au centre, le port langoustier de Camaret, ancienne place forte qu'animent aujourd'hui la pêche et le chantier naval. Sur le plateau de Lagatjar, un bel ensemble de mégalithes. Du haut des falaises de Pen-Hir, que prolongent les "Tas de Pois", les âmes des Celtes s'embarquaient vers l'au-delà... Terre pétrie de légendes; terre de foi aussi, où naquit l'ermite Guénolé, qui fonda l'abbaye dont on voit les ruines romanes. La nouvelle abbaye de Landévennec fut reconstruite en 1953 par les bénédictins, avec la belle pierre rose de l'Armorique.

Ci-dessus, la rade de Brest. Ci-dessous, le port de plaisance, au bas de la forteresse Vauban. A gauche, Roc Trevezel, dans les monts d'Arrée. A droite, les "Tas de Pois", dans la presqu'île de Crozon. En pages suivantes, le Pardon de Sainte-Anne-la-Palud.

Au sud du trident que constitue la presqu'île de Crozon, une large baie s'incurve entre le cap de la Chèvre et la pointe du Van, celle de Douarnenez, ouverte sur l'Atlantique.

Sur le littoral nord, Morgat offre tous les attraits d'une agréable villégiature, tant sur le plan des activités sportives que sur celui des paysages côtiers. Une belle pinède sur la falaise des grottes marines aux étonnantes couleurs, la butte du Menez-Hom (330 m.), l'un des "monts" de Bretagne, où des vestiges préhistoriques et romains ont été découverts...

Au fond sud de la baie : Douarnenez (*Douar an enez*, "la ville de l'île") est un centre de conserveries de poissons. Cette "ville de l'île" fut bâtie, en effet, sur l'estuaire de Pouldavid, dans l'île Tristan. Encore que la tradition la situe plus loin, sur la côte de Cornouaille, comment ne pas évoquer le souvenir des amants, Tristan et Iseult?

Mais une autre légende s'inscrit ici : celle de la ville d'Is, engloutie sous les flots par la faute de Dahut, la fille du roi Gradlon, qui remit la clé des écluses à son amant, en qui elle ne sut reconnaître le diable! Les eaux déferlent furieusement sur la ville; les maisons s'écroulent; les hommes s'efforcent en vain à fuir... Le roi, sa fille en croupe, au galop de son cheval, tente d'échapper au flot. Mais il ne sera sauvé qu'en obéissant aux voix célestes qui lui intiment l'ordre de rejeter Dahut à la mer où la mort sera son châtiment. L'une des plus célèbres légendes bretonnes, maintes fois contée...

Les siècles ont passé. D'autres temps sont venus. Sur le port où abordent sardiniers, thoniers, langoustiers, il faut assister à la criée du poisson. On peut aussi, quittant l'animation des quais et des môles, parcourir les sentiers aménagés qui longent l'Océan pour aller vers

la plage du Ris ou la pointe de Leydé.

Aux légendes païennes, ici encore, se mêlent les traditions chrétiennes. A Sainte-Anne-de-la-Palud, la célèbre procession du 8 septembre fait trembler au vent du large les coiffes et les bannières... A Locronan, autour de ses vieilles maisons de granit, un ensemble architectural des XVème et XVIIème siècles, l'église à la tour massive avec son portail ouvragé et la chapelle du Pénity où repose le corps de saint Renan, qui fonda le prieuré au VIème siècle.

Ci-dessus, le festival du Menez-Hom, dans la presqu'île de Crozon. Ci-contre : la chaire de l'église de Locronan. A droite : maisons typiques, à Locronan.

A travers les chemins creux jusqu'aux églises de granit, les Pardons, auxquels participe la population en costumes.

LA BAIE DES TREPASSES
ET L'ILE DE SEIN

Une autre baie, entre les hautes falaises de granit de la pointe du Van et de la pointe du Raz : la baie des Trépassés. On l'appelle ainsi parce qu'autrefois on y embarquait les druides morts qui devaient être enterrés dans l'île de Sein.

Une chapelle s'accroche au plateau de la pointe du Van. Un phare, une autre chapelle à la pointe du Raz, Notre-Dame des Trépassés... La mort plane sur la lande d'herbe rase que les jours d'hiver rendent à sa solitude.

Mais l'été ramène les touristes et fait refleurir la lande. Il y a un hôtel à la pointe du Raz et des marchands de souvenirs. Des intrépides descendent les sentiers assez vertigineux de la falaise. Moins fréquentée, la pointe du Van donne mieux le sentiment d'infini qu'impose l'immensité de l'Atlantique. Au large, le phare de la Vieille, sentinelle perdue en mer. Plus loin,

Divers aspects de la Pointe du Raz. A gauche, le Gouffre de l'Enfer.

l'île de Sein apparaît au ras des flots comme une terre basse que l'Océan semble près d'engloutir. Deux fois, au cours du siècle dernier, en 1868 et 1896, la mer a déferlé d'une grève à l'autre, recouvrant l'île tout entière.

Un kilomètre carré. Un millier d'habitants qui vivent de la pêche et de quelques commerces. Des ruelles étroites entre les murs de granit des maisons basses. Quelques jardins d'une terre avare et la lande, très vite supplantée par le roc. L'église est de construction récente ; les pierres en furent amenées du continent et déchargées par les femmes qui les portèrent auprès du menhir.

Des légendes sont encore contées : celle de saint Guénolé qui construisit une arche de glace pour relier l'île à la terre. Mais le diable s'y aventura et la chaleur de ses pieds fourchus fit fondre la glace. Sein demeura une île. Au long des siècles passés, les navires jetés à la côte — et souvent, dit-on, par des feux trompeurs — furent la proie des pilleurs d'épaves. Est-il vrai que ces "prises de mer" meublent encore bien des foyers de l'île ?

En juin 1940, au lendemain de l'appel du général de Gaulle, tous les bateaux hissèrent la voile ou mirent le moteur en marche. Tous les hommes de l'île rejoignirent l'Angleterre ; le plus jeune avait quatorze ans ! Un sobre monument de granit, sur la grève de Sein, rappelle le sens de cet exode.

Ci-dessus, l'une des échancrures de la Pointe du Raz. A gauche, la baie des Trépassés : c'est l'emplacement présumé de la ville d'Ys. A droite, vue aérienne de l'île de Sein.

A l'extrême pointe de l'Occident,
l'île de Sein. Les maisons, le village
et le port de Sein.

LA COTE DE CORNOUAILLE

La Cornouaille fut royaume, puis duché de Bretagne. Elle s'étendait alors jusqu'au-delà des Monts d'Arrée. On entend aujourd'hui sous cette dénomination la région autour de Quimper et la côte comprise entre la baie d'Audierne et l'embouchure de l'Aven.

Audierne allonge ses quais, à l'embouchure du Goyen, au pied d'une colline boisée. Ils se prolongent à angle droit, au-delà du port, vers Sainte-Evette, où l'on embarque pour l'île de Sein. Le port est bien abrité et l'on y pratique toutes les sortes de pêches, de la langouste à la sardine, au maquereau et même au thon, durant les mois d'été.

La baie se développe ensuite en une côte assez déserte, sans aucun port, bordée de rocs et de galets, puis d'un chapelet d'étangs jusqu'aux environs de la belle chapelle de Notre-Dame de Tronoën, où se trouve le plus vieux calvaire de Bretagne, et à la pointe de la Torche, qui tient son nom d'un dolmen, dit Torchoen (pierre plate, en breton). Plusieurs mégalithes se rencontrent dans la campagne voisine.

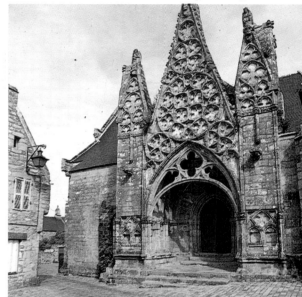

Après la plage de Pors Carn, la côte devient à nouveau très rocheuse jusqu'à Saint-Guénolé. Une croix de fer marque l'endroit où, en 1870, le préfet du Finistère et toute sa famille furent emportés par une lame de fond. C'est dire la violence des vagues, les jours de grosse mer !

Aux abords du pittoresque petit port de Saint-Guénolé, un musée préhistorique et la Tour carrée, vestige d'une ancienne église. Du port, une route en bordure de mer permet de gagner le phare d'Eckmühl. A mi-chemin, la petite chapelle de "Notre-Dame-de-la-Joie au péril de la mer", où un pardon a lieu le 15 août.

Le phare d'Eckmühl fut construit en 1897, grâce à un don de la fille du maréchal Davout, prince d'Eckmühl. Il est haut de 65 m et porte à plus de 50 km. Des barques dansent dans l'anse du petit port de Kérity. La route conduit ensuite à Penmarch, ou plus exactement Tréoultré, commune groupant les divers hameaux de la presqu'île.

Dans les environs d'Audierne, les vaches au bord de l'Océan... Au-dessous, un aspect du port d'Audierne. En Cornouaille, ci-contre et ci-dessus : Notre-Dame-de-la-Joie, près de Penmarch et le porche de l'église de Pont-Croix.

43

EN PAYS BIGOUDEN

Autour de Pont-l'Abbé et de la presqu'île de Penmarch, le pays bigouden garde ses traditions, et les femmes, la haute coiffe en forme de mitre, d'un si gracieux effet.

La coiffe se porte encore dans la plupart des régions de Bretagne, mais surtout à l'occasion des pardons et des fêtes. Elle affecte les formes les plus diverses — bonnet, voire hennin — s'orne de rubans et de dentelles. Au pays

bigouden, beaucoup de femmes, vieilles mais jeunes aussi, lui restent fidèles même dans la vie de tous les jours.

Capitale de ce "pays" breton, Pont-l'Abbé est un gros bourg que bordent la rivière et un étang. Une vieille forteresse avec tourelle à campanile, l'église des Carmes qui fut la chapelle d'un couvent... Alentour, la campagne, dont les cultures maraîchères font vivre une partie du pays. Sur la côte sèchent les tas de goémons. Et l'on retrouve les pêcheurs : ceux du Guilvinac, de Lesconil, de Loctudy, de l'île Tudy. On y voit aussi de nombreux plaisanciers et des écoles de voile qui donnent une animation nouvelle aux vieux quais.

C'est sur la côte de Cornouaille que la légende situe le drame des amants maudits, Tristan et Iseult. Tristan, prince du Léonnois, envoyé

Ci-dessus, l'une des longues grèves vierges de la côte sud du Finistère et le fort d'Eckmühl, à Penmarch. A gauche, sculpture sur le porche de l'église de Penmarch. A droite, un chemin rural et la côte au pays bigouden.

par son oncle Marc, roi de Cornouaille, en terre d'Irlande pour y chercher Iseult la blonde, que le vieux roi veut épouser. Mais sur le navire qui les ramène vers la Bretagne, un malheureux hasard leur fait boire à la même coupe le philtre d'amour qui devait lier à jamais Iseult à son futur époux. Et les deux jeunes gens ne pourront s'arracher à la passion qui désormais les attache l'un à l'autre!

Sur ce thème des amants enchantés, de l'opéra de Wagner au film de Cocteau et Delannoy, le drame trouve des dénouements différents. Mais c'est la mort seule qui réunira les amants.

De quelles antiques veillées sont nées ces légendes bretonnes sur lesquelles plane toujours une sorte de fatalité douloureuse? Les bigoudens rêvent-elles encore sur ces terres de "l'éternel retour"?

Les célèbres coiffes bretonnes sont encore portées dans plusieurs régions du pays et notamment au pays bigouden. A gauche, en haut, une veste du costume breton ancien, au musée bigouden de Pont-l'Abbé. En pages suivantes, les charmes du site et du joli port du Guilvinec : dix ans ont passé...

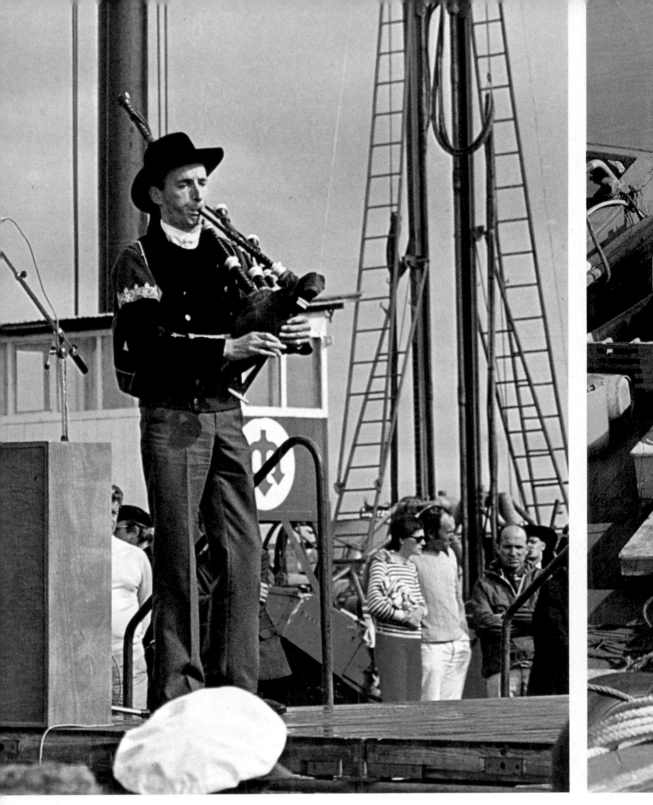

Ci-dessus, à gauche, une fête folklorique dans le port de Saint-Guénolé. Au-dessous, vue de Loctudy. Les "casiers" pour les crustacés et un groupe de pêcheurs.

L'ODET ET SA VALLEE

Entre le pays bigouden à l'ouest et le pays fouesnant à l'est, l'Odet trace ses méandres à travers des vallons boisés. Elle naît dans les montagnes Noires et rejoint l'Atlantique à Bénodet par un large estuaire que franchit l'audacieux et élégant pont de Cornouaille.

C'est la région des eaux et des bois. Au terme, Bénodet aligne ses maisons claires et son église sur un fond de verdure. Les eaux de la rivière s'enflent avec la marée. En face, de l'autre côté du bras de mer, Sainte-Marine, dont les constructions ont l'air de jouets d'enfant... Un bac fait la navette d'une rive à l'autre, et des vedettes font route vers les anses voisines et les îles des Glénan. Une promenade panoramique permet des vues vers le large. Mais Bénodet est par excellence la plage familiale.

Il ne faut pas manquer d'effectuer la remontée de l'Odet par les vedettes de service, jusqu'à Quimper. La rivière dessine des méandres, s'élargit ou se resserre, selon sa fantaisie, lance des bras d'eaux à travers les terres. Le bateau file entre des rideaux d'arbres et de verdure que troue, ici et là, la perspective d'un parc et de son château. De hautes falaises se dressent au "Saut de la Pucelle" où, selon la légende, une jeune fille poursuivie s'élança d'un bond et, soutenue

par son ange gardien, aborda sur l'autre rive...
Un autre rocher, la "Chaise de l'évêque" aurait
été façonné par un esprit céleste à l'intention
d'un prélat de Quimper qui venait méditer en
ces lieux.

Au-delà, dans la baie de Kérogan, l'Odet
s'étale comme un véritable lac, avant de repren-
dre son aspect de cours d'eau pour aborder les
faubourgs de Quimper.

C'est un aspect tout aussi verdoyant qu'offre
le pays fouesnant, mais d'un caractère plus
familier. Les villages s'entourent de vergers. Au
printemps, les fleurs des cerisiers se mêlent à
celles des pommiers. On produit ici, dit-on, le
meilleur cidre de Bretagne!

La Forêt-Fouesnant occupe un vallon boisé.
L'église du XVIème contient des statues de bois,
un baptistère, et deux effigies de saints veillent
au portail.

Beg Meil est la station balnéaire du pays
fouesnant. Des rochers couverts de pins, une
plage bordée de dunes, et de jolies vues sur la
rade de Concarneau, de l'autre côté de la baie.

**A gauche, l'îlot des Glénan et une chapelle au
pays bigouden. Ci-dessus, la descente de l'Odet.
Ci-contre, l'église de Bénodet et ci-dessous, une
vue de Sainte-Marine.**

Deux aspects de l'habitat traditionnel en Bretagne (à gauche et ci-dessous). Ci-contre, une chapelle entre Fouesnant et Bénodet.

La Bretagne ''bretonnante'', fidèle aux traditions celtiques : les fêtes de Cornouaille, à Quimper. Ci-contre, un spécimen d'art folklorique.

De toutes les villes bretonnes, Quimper est peut-être celle qui laisse le souvenir le plus plaisant! Moderne et vivante, elle garde pourtant un charme provincial que l'on apprécie en parcourant les allées bordant les rives de l'Odet. Des passerelles fleuries traversent la rivière jusqu'au confluent avec la Steir, qui vaut son nom à la ville : Kemper signifiant confluent en breton. Au centre, sur la rive nord, des jardins entourent la cathédrale dédiée à saint Corentin, le patron de la cité et son premier évêque. C'est un bel édifice dont la construction s'échelonne du XIIIème siècle, pour le chœur, au XVème, pour la nef, et au XIXème, pour les élégantes flèches de son clocher. L'unité n'en est pas affectée, non plus que par cette curieuse déviation que le chœur accuse par rapport à la nef. La statue du roi Gradlon, le héros de la ville d'Is, figure entre les flèches.

Près de la cathédrale, deux musées qu'il faut voir : le Musée breton, riche en meubles et bois sculptés, dans la cour de l'ancien évêché,

et le Musée des Beaux-Arts, très remarquable, avec des peintures flamandes et françaises des XVIIIème et XIXème siècles, notamment des peintres de Pont-Aven. Une salle est consacrée au poète Max Jacob, qui vit le jour à Quimper.

Le vieux quartier voisin — rues Sallé, Kéréon, St-Mathieu, etc., forme un ensemble aussi pittoresque qu'animé, à la fois par les touristes et les gens du pays qui aiment s'y retrouver.

La faïencerie est une spécialité de Quimper. Elle produit, depuis le XVIIème siècle, des pièces joliment ornées de motifs bretons ou modernes. Des quartiers neufs se sont développés sur les hauteurs du mont Frugy qui longe l'Odet. L'église romane de Locmaria est du XIIème siècle. On y remarque une statue de Christ en robe rouge.

Les grandes fêtes de Cornouaille — dont Quimper fut la capitale — revêtent chaque été un éclat tout particulier. Quimper est, enfin, un excellent centre d'excursions vers tout l'ouest du Finistère, de la presqu'île de Crozon à la pointe de Penmarch et à la région de Pont-Aven. Et l'on ne saurait quitter la ville sans faire, par bateau, la descente de l'Odet vers l'Océan; nous en avons parlé précédemment.

A Quimper : spécimens des célèbres faïences de la ville; les maisons anciennes et les flèches de la cathédrale.

CONCARNEAU, LE PORT DES THONIERS

Sur toutes les côtes bretonnes, la pêche constitue l'élément essentiel de l'activité régionale, mais c'est à Concarneau que l'on mesure le mieux combien elle conditionne la vie des hommes et des affaires.

C'est le troisième port de pêche français. Toutes les espèces sont présentes sur les marchés et dans les ventes en plein air qui se pratiquent encore sur le port. La langoustine fait aussi l'objet de récoltes fructueuses. Outre la pêche côtière, au chalut — soles, dorades, turbots, merlans, maquereaux, etc. — Concarneau "arme" pour la pêche au thon, soit vers le golfe de Gascogne, soit vers l'Irlande, soit même au large de la Bretagne. Plusieurs campagnes ont lieu chaque été, chacune durant de 20 à 25 jours. Ici encore, pourtant, la crise a sévi. L'activité des thoniers a beaucoup diminué. On reconnaît leurs navires aux longues perches qui dépassent le mât et qui servent à porter les lignes.

Pour le touriste, Concarneau, c'est d'abord la "ville close" — un îlot, inclus dans les bassins, que deux petits ponts relient aux ports et que cernent des remparts dont il convient de faire le tour. On y découvre de beaux points de vues sur la rade et la ville. A l'intérieur de la "ville close", des ruelles animées par les crêperies et les boutiques d'artisanat. Un Musée de la Pêche, avec aquarium et vivarium, complète l'intérêt de Concarneau sur le plan maritime.

Divers aspects du port de Concarneau, à proximité et autour de la "ville close" (ci-dessus).

Quimperlé est une petite ville à deux niveaux : la ville haute et la ville basse, sur les bords de deux rivières qui forment ici confluent – d'où Kemper ! Elle possède une église en partie récente, mais dont l'abside et la crypte sont des merveilles de l'art roman. De Quimperlé, des routes divergent vers le cours de trois rivières aux estuaires verdoyants : la Laïta, formée des cours d'eau précités, qui débouche au Pouldu, charmante plage au pied des falaises ; le Belon, avec le bourg du même nom, centre ostréicole de haute renommée, dont la marée découvre les parcs à huîtres ; et enfin, l'Aven, que le flot remonte jusqu'à Pont-Aven, le pays des moulins, des galettes et surtout des peintres !

Car cette côte a vu naître, à la fin du XIXème siècle et surtout dans les années 1886-1890, un mouvement de rénovation esthétique qui conduisit vers le synthétisme, le symbolisme et la peinture nabi. Autour de Paul Gauguin, qui en est la grande figure, et d'Emile Bernard, qui en fut l'initiateur, ont vécu et travaillé Sérusier, Verkade, Lacombe, et toute une colonie d'artistes internationaux qui se réunissaient à l'auberge de Marie-Jeanne Gloanec. Si l'on peut voir leurs œuvres de façon permanente à Pont-Aven, leur souvenir est partout présent et le musée organise chaque été de remarquables rétrospectives des œuvres de l'Ecole.

Charmante petite ville blottie au creux d'un val, Pont-Aven, avec son moulin à eau, ses quais au pied des coteaux, les sentiers du

A Pont-Aven : les bateaux sur l'Aven, le moulin à eau, un aspect du centre du village.

Bois d'Amour où l'eau court sous les feuillages, Pont-Aven séduit l'estivant qui y retrouve un calme oublié! De nombreux peintres y vivent encore et la ville a su maintenir sa vocation artistique.

Du Bois d'Amour, on peut gagner, par des chemins bordés de hautes fougères, la chapelle de Trémalo, dont le *Christ jaune* inspira Gauguin, et l'église et le calvaire de Nizon, dont il peignit aussi *la Pieta*.

De Tremor à Kerdruc, l'Aven dessine ses méandres pour former à Port-Manech, avec le Belon, un estuaire aux belles rives de granit. C'est là que Gauguin et ses amis venaient se baigner et festoyer à la belle saison. Au cœur de Pont-Aven, l'auberge est devenue librairie; une plaque à l'effigie de Paul Gauguin rappelle tout ce que l'art pictural doit à cette humble bourgade.

Le barde breton Théodore Botrel passa une partie de sa vie à Pont-Aven. Il institua la fête des Ajoncs d'Or qui a lieu chaque année, le 1er dimanche d'août, et attire toujours une foule considérable. Mais ce n'est là que fièvre passagère! Au long des rives verdoyantes, la marée enfle son flot tranquille et fait danser les barques que le reflux rendra aux sables. "Pont-Aven, ville de renom : 14 moulins, 15 maisons" chantait un dicton d'autrefois. En amont subsistent, ici et là, quelques vestiges, et non loin du pont, le moulin de Rosmadec montre encore sa grande roue à auges.

Ci-dessus, la jolie coiffe de Pont-Aven. Ci-contre, reflets sur l'Aven.

Les noms de Gauguin et de Pont-Aven sont indissolublement liés. Ci-dessus, un tableau du peintre au pays de Pont-Aven. Ci-dessous, la Pieta du calvaire de Nizon, également peinte par Gauguin. Ci-contre et à droite, le site et les parcs à huîtres de Belon.

LA RADE DE LORIENT

L'estuaire de la Laïta marque la limite entre le Finistère et le Morbihan. La côte du Morbihan — dite aussi des Mégalithes en raison des nombreux vestiges préhistoriques qui s'y trouvent — est comme celle du Finistère sud, faite d'alternance de falaises rocheuses et de plages, avec de profondes échancrures dans les terres.

Le climat, influencé par le Gulf Stream, est généralement plus doux et plus ensoleillé que celui de la côte nord. Le Morbihan fut, jusqu'à présent, épargné par les marées noires.

Lorient, arsenal et port militaire situé au fond de l'estuaire du Scorff, a souffert terriblement au cours de la guerre de 39/45. Occupée en juin 1940 par les Allemands, la rade subit à partir de septembre les bombardements alliés, d'autant plus violents que les occupants y installaient, l'année suivante, des bases pour leurs sous-marins. Les bombardements s'intensifiè-

rent encore dès l'entrée en guerre des Etats-Unis. La ville ne fut pas plus épargnée que les installations portuaires. En 1943, les incendies se multiplièrent. Le seul bombardement du 7 février détruisit plus de 600 immeubles. Les habitants, pour la plupart, avaient fui la ville. Ce sera, à la libération du territoire, la dernière poche de résistance nazie. Cernée par les Alliés, elle tint jusqu'au 8 mai 1945, jour de la capitulation allemande.

La ville était détruite à 85 pour cent. Il fallut des années pour la reconstruire et rendre le port et la rade à leur vocation commerciale et militaire. Aujourd'hui, l'activité de Lorient s'est développée tant sur le plan du trafic que sur ceux de la pêche et des chantiers navals. Le port de Keroman dispose d'installations qui font de Lorient le deuxième port de pêche de France, après Boulogne. Port-Louis, à la pointe est de l'estuaire, a connu la prospérité au temps de la Compagnie des Indes, sous Louis XIII. Elle périclita après la fondation de Lorient.

A la pointe ouest, Larmor-Plage est la station favorite des Lorientais.

L'île de Groix fut appelée "Enez er Hroah", l'île des Sorcières. Face à Lorient, elle surplombe l'Océan en falaises abruptes qui s'abaissent vers l'est pour former des plages où viennent s'ébattre les estivants.

C'était autrefois un centre actif de la pêche au thon. Mais de la flotte des thoniers qui ralliaient Port-Tudy, il ne reste que quelques navires. Les îliens quittent leur île pour aller travailler sur le continent et Groix tend à devenir, par sa proximité de la côte, un lieu d'élection pour les résidences secondaires.

Ci-dessus, Port-Louis, dans la rade de Lorient. A gauche, un marin-pêcheur au repos. A droite vue de l'île de Groix.

QUIBERON, BELLE-ILE, HOUAT ET HOEDIC

La presqu'île de Quiberon est une ancienne île que les alluvions ont rattachée au continent, formant un isthme qui, en sa partie centrale, n'a qu'une vingtaine de mètres de large.

Elle fut le théâtre, en 1795, d'une défaite infligée par les troupes républicaines aux royalistes émigrés. Assistés par la flotte anglaise, ceux-ci débarquèrent au nombre de 10.000 et firent lèur jonction avec les Chouans de Cadoudal. Mais l'opération mal dirigée échoua. Chouans et émigrés furent rejetés à la mer ou faits prisonniers.

Au cours de la dernière guerre, la presqu'île fut, comme Lorient, un noyau de résistance allemande qui ne céda qu'à la capitulation générale.

On trouve, sur la côte est, le village de Saint-Pierre et, plus loin, au sud de la presqu'île, Quiberon, avec Port-Maria, port sardinier actif et à un kilomètre de la ville, Port Haliguen. Toute cette partie est très animée par les touristes qui disposent d'une belle plage dans les creux de la baie.

La partie ouest est dénommée Côte sauvage. Une route la longe, de Quiberon à la pointe du Percho. Des sentiers permettent de découvrir les criques, les gouffres et les grottes qui se creusent sur les grèves rocheuses. Quelques maisons ici et là; aucun village... C'est sur cette "Côte sauvage" que l'on peut, aux jours de grosse mer, — comme à la pointe du Raz ou à la pointe Saint-Mathieu — connaître l'âpreté de la Bretagne des légendes.

Mais Quiberon est d'abord un centre touristique qui offre aux estivants les plaisirs qu'ils attendent, et même les services d'un établissement de thalassothérapie réputé et de mini-

A Belle-Ile : une crique, le port du Palais et les Aiguilles de Port-Coton. Ci-dessous : la Côte Sauvage de la presqu'île de Quiberon.

croisières vers les îles voisines.

Belle-Ile-en-Mer, la plus grande des îles du Morbihan, a 85 km2 de superficie. Elle fut maintes fois attaquée par les flottes anglaise et hollandaise au cours des XVIème et XVIIème siècles. Occupée, puis rendue à la France en 1763, elle fut alors peuplée par de nombreux colons canadiens ayant fui l'Acadie devenue anglaise. Elle avait été achetée, un siècle plus tôt, par le surintendant Fouquet, que l'ambition, on le sait, conduisit à sa perte.

Aujourd'hui, quatre communes se partagent les 140 hameaux que compte l'île. Les habitants y pratiquent la culture et l'élevage à la manière de leurs ancêtres acadiens qui y introduisirent, les premiers en France, la pomme de terre. Le port du Palais est actif et, chaque année, des milliers de touristes y viennent débarquer! Belle-Ile était déjà appréciée par les peintres de la fin du XIXème siècle. Monet y peignit ses belles marines et après lui, Derain, Gromaire, Matisse, Bazaine en furent aussi les hôtes passagers. Il faut rappeler enfin que Belle-Ile fut le refuge de deux grandes comédiennes, Sarah Bernhardt et Arletty.

Outre les plaisirs de la mer, l'île est propice aux grandes randonnées pédestres qui conduisent à des sites naturels justement réputés : la grotte de l'Apothicairerie, la pointe des Poulains, d'où la vue est admirable sur la côte voi-

foyers se sont groupés pour acheter un troupeau. Des chemins courent sur la lande vers les plages dorées.

A l'arrivée de chaque bateau, on décharge les cageots de légumes, les quartiers de viande, les colis de confection, tout ce qui est nécessaire à la vie de l'île. En mer, des récifs de granit rose se dressent, ourlés d'écume. Plus loin encore — il faut deux heures, de Quiberon, pour aborder — c'est Hoédic, que les marins appellent "l'île au flottage"... comme si, quelque jour, elle allait prendre le large! 2 km 500 de long, 1 km de large... Les vestiges d'un fort de Vauban, des sépultures mésolithiques, quelques "pierres levées" sur la lande, des croix de pierre. Au printemps, pour les atteindre, il faut marcher sur un tapis de fleurs. Aux bords du plateau qui porte le village, des grèves rocheuses et des plages vides, admirables... La seule route n'a que 600 mètres; elle suffit à la camionnette — unique aussi — qui livre l'épicerie et le modeste hôtel.

Devant le nouveau port, créé en 1975, les îliens regardent du seuil de leurs maisons, débarquer les voyageurs. A l'autre bout de l'île, le vieux bassin s'envase, au pied de la lande.

C'est à Hoédic, en plein hiver, que Jean Epstein tournait en 1932 cette perle rare des Cinémathèques, *L'Or des mers,* avec les gens du pays pour acteurs. Le jeune héros de cette histoire d'épaves avait vingt ans. Il n'a pas quitté l'île... Le père Rémy, marin pêcheur, est aujourd'hui septuagénaire. Sa partenaire habite Houat; elle est maintenant grand-mère...

Il n'y a ni médecin ni pharmacien dans l'île, mais l'hélicoptère de la protection civile est là dès qu'on l'appelle.

Le bout du monde?.. Il est à votre porte, amants de la solitude

sine, les Aiguilles de Port-Coton, le petit port de Sauzon, abri des sardiniers. A l'intérieur de l'île, le vaste plateau qui domine l'Océan est balayé par l'air marin, mais dans les petites vallées qui s'y creusent, on découvre une végétation quasi méridionale, grâce au Gulf-Stream qui réchauffe la côte : lauriers, figuiers, mimosas, camélias poussent ici en pleine terre. C'est dire que les hivers, s'ils sont parfois brumeux, y sont aussi très doux.

Deux îles perdues au large du golfe du Morbihan... Houat, "le canard"... Hoédic "le caneton"...

Houat : 5 kilomètres sur 1 km 300 / 293 hectares. Le village sur la falaise qui domine le port, avec son clocher carré et ses toits bleus... En dépit des difficultés de vivre, malgré la tempête de 1951 qui détruisit le port et les bateaux, les îliens de Houat ne veulent pas abandonner leur île. Un élevage de homards a été créé et les

A gauche, le port de Quiberon. Ci-dessous et à droite, la lande à Hoédic.

LES MEGALITHES DE CARNAC

La curiosité de la région est la présence des mégalithes, ces "grandes pierres" dressées sur la lande depuis des millénaires. Ils sont plus de 3.000 aux environs de Carnac, au Ménec, à Kermario, à Kerlescan. Les menhirs sont ici disposés en alignements parallèles, constituant de larges allées, aboutissant parfois à un hémicycle. On en fixe l'origine entre 1500 et 2500 avant J.-C. et la technique de levage de ces blocs (dont certains représentent plusieurs centaines de tonnes) reste un mystère pour nos contemporains!

Il est probable que ces alignements de menhirs sont la manifestation d'un culte, peut-être solaire. Les inscriptions romaines que l'on trouve sur certains d'entre eux laissent penser que le monolithe fut adopté par le paganisme, comme il sera plus tard christianisé, ainsi qu'on peut le voir par les croix plantées au sommet de quelques menhirs isolés. Ces successives prises en charge confirment le caractère religieux de l'origine.

Les dolmens — comme ceux que l'on verra à Locmariaquer, sur le golfe du Morbihan — sont formés de deux menhirs surmontés d'une pierre posée horizontalement, en forme de table. Il s'agit là, vraisemblablement, de monuments funéraires de la même époque.

Enfin, et à Carnac encore, mais de formation plus récente — un millénaire avant J.-C., croit-on — se voient des tumulus, tertres de terre recouvrant des chambres et des galeries. Celui de Saint-Michel a 120 mètres de long et une

hauteur de 12 mètres. Plusieurs chambres funéraires s'ouvrent sur la galerie. Et là aussi, le christianisme s'est substitué à la religion primitive en construisant sur le tertre même la chapelle Saint-Michel et un calvaire à personnages.

Le tumulus de Kercado recouvre un dolmen et porte à son sommet un menhir. Il semble que cette région de Carnac ait constitué un site important du mysticisme préhistorique.

La foi paysanne s'exprime aussi, plus proche de nous, à l'église de Carnac dédiée à saint Cornély, patron des bêtes à cornes; la statue, entre deux bœufs, orne la façade. Une bénédiction des bêtes a lieu le 13 septembre, à la fontaine du saint.

A Carnac, un dolmen et les alignements de menhirs. En bas, à droite, la statue de saint Cornély, au-dessus de la porte de l'église de Carnac.

AURAY ET LES PARDONS
DE SAINTE-ANNE

Auray, une curieuse petite ville, profondément enfoncée dans les terres et qui possède néanmoins son port et ses bateaux! Bâtie sur deux niveaux, elle a ses quartiers neufs sur le plateau que borde la jolie promenade du Loch, d'où l'on domine le vieux quartier Saint-Goustan, sur l'autre rive de la rivière d'Auray. Des logis du XVème siècle, une belle église, des ruelles en escaliers témoignent d'un lointain passé.

Auray fut, en effet, le théâtre d'événements historiques importants. Ce fut, en 1364, la bataille qui devait mettre fin à la guerre de succession du duché, dont le pays souffrait depuis

plus de vingt ans. Charles de Blois y trouva la mort et Du Guesclin, qui combattait à ses côtés, fut fait prisonnier.

Quatre siècles plus tard, vers 1793, Cadoudal, un fils de paysan, mène le combat contre la République à la tête des Chouans, attachés au respect de leurs traditions et de leur religion. Arrêté à Paris en 1801, alors qu'il tentait d'enlever Bonaparte, il fut condamné et exécuté. On peut voir le mausolée élevé à Auray à sa mémoire, près de la maison où il était né, sur la colline de Kerléano.

On trouve à Auray d'autres souvenirs des luttes bretonnes : le "Champ des Martyrs", avec sa chapelle expiatoire, en hommage aux fusillés, émigrés et chouans, de la bataille de Quiberon; et non loin de là, le monument élevé à la mémoire du comte de Chambord, qui tenta un coup d'Etat contre la 3ème République.

Une reconstitution historique rappelle, à la saison, quelques-uns de ces souvenirs. A Sainte-Anne-d'Auray — à 6 km d'Auray — c'est la foi qui s'affirme, avec plusieurs pardons ayant lieu de mars à octobre, et surtout les 25 et 26 juillet. Le pittoresque des costumes et des bannières n'enlève rien à la ferveur de la foule venue de tous les bourgs voisins. Une basilique du siècle dernier a remplacé la vieille église construite à l'emplacement où sainte Anne apparut à un laboureur. Les cérémonies se terminent par une procession aux flambeaux.

Des chapelles du XVème — Ste-Avoye, St-Cado, la Chartreuse — attestent également de la foi profonde de cette région bretonne.

Au long de l'estuaire, que l'on peut descendre en bateau, s'étendent les centres de production du "naissain", les larves qui donneront naissance à des huîtres destinées aux centres d'élevage de Belon, de Marennes, etc.

A gauche : la maison bretonne traditionnelle (vue de côté). Ci-dessus, le pont et un aspect du port d'Auray. Ci-contre, le célèbre Pardon de Sainte-Anne-d'Auray.

VANNES ET LE GOLFE DU MORBIHAN

Au débouché de la rivière d'Auray, le golfe du Morbihan est, comme son nom l'indique, une véritable "petite mer". Mais une mer intérieure, dont l'aspect et le caractère général contrastent singulièrement avec la région environnante. L'étroitesse du goulet qui la relie à l'Atlantique la préserve des assauts marins. La végétation qui couvre les rives et les îles — elles sont aussi nombreuses, dit-on, que les jours de l'année! — en font un site apaisant. Et la lumière elle-même y semble plus délicate; les couches de soleil y sont admirables!

Au nord du golfe, derrière son port qui s'envase, Vannes est une ville pleine de souvenirs séculaires. C'est à Vannes que les états de Bretagne, réunis en août 1532, proclamèrent "l'union perpétuelle du pays et du duché de Bretagne avec le royaume et couronne de France". Le premier gardait cependant son parlement et son armée. C'est à Vannes aussi que furent fusillés les 350 émigrés, après l'affaire de Quiberon, et parmi eux, l'évêque de Dol, Mgr de Hercé.

Enfermée dans ses remparts, autour de la cathédrale Saint-Pierre, avec ses tours à mâchicoulis, ses vieux lavoirs aux toits d'ardoise, ses douves et ses ruisseaux, Vannes séduira l'amateur de pittoresque!

Un service de bateaux assure la liaison avec les îles du golfe, dont une quarantaine sont habitées. Des circuits d'excursions sont organisés qui relient Vannes à Auray et permettent de voir les îles : Arz, demeurée assez sauvage,

Sur ces deux pages, divers aspects de la vieille ville de Vannes.

et l'Ile-aux-Moines, un petit paradis d'enchante-ments! Deux siècles avant l'an mil, des moines lui donnèrent son nom. Des résidences d'été l'ont peuplée depuis une vingtaine d'années mais le charme subsiste. Au-delà des rives souvent boisées, des mamelons ondulent à l'intérieur, offrant autant de belvédères sur le golfe et les îles. Dans les jardins, les hortensias et les camélias; sur la lande, des champs d'asphodèles et de bruyère. Des pinèdes et des chemins creux, de vieilles chapelles et des calvaires – à la pointe du Trech – un ensemble de "pierres levées" – le cromlech de Kergonan. Tout ce que la Bretagne a de plus attirant est là!

Le golfe se ferme, devant l'Océan, par deux pointes qui portent Locmariaquer au nord, Port-Navalo au sud; deux stations très plaisantes. Et combien d'autres, de la Trinité-sur-Mer à Saint-Gildas-de-Rhuys, à l'entrée de ce que l'on nomme – et comment s'en étonner? – la Côte d'Amour!

Ci-dessus, Port-Navalo, au sud du golfe du Morbihan. En bas à gauche et à droite, vues de l'Ile-aux-Moines, au cœur du golfe du Morbihan. En pages suivantes: aspect bien caractéristique d'une rue d'un ancien village breton.

LA COTE D'AMOUR

De Saint-Gildas à Pornichet s'étend la Côte d'Amour, que prolonge vers l'est la côte de Jade. Aimables qualificatifs pour définir le charme de ces lieux de plaisance et de plaisanciers!

C'est surtout à l'entrée de l'estuaire de la Loire que se situe un chapelet de plages à peu près continu, entre lesquelles se creusent de petits ports sardiniers, toujours pleins d'animation et de couleur! Suivons-les, d'ouest en est: Piriac et la Turballe, au nord, et le Croisic, dont l'église gothique et les vieilles maisons regardent vers la rade à l'abri de la "Grande Côte". Une route en corniche permet de faire le tour de la pointe pour rejoindre les plages de Port-Lin, de Batz-sur-mer et du Pouliguen. De l'une à l'autre, des chapelles et des musées régionaux, et les grottes des Korrigans, que la mer recouvre à chaque marée. Et, enfin, Pornichet, bien connu des plaisanciers qui y trouvent, tout l'été, concours, championnats et motifs d'évasion vers les îles du large et de l'Océan.

La Baule est, sans conteste, la reine de la Côte d'Amour. Elle fut créée en 1879 et devint bientôt la station la plus fréquentée et la plus élégante, avec Biarritz, de la Côte Atlantique. Elle le devait à sa magnifique plage de cinq kilomètres, à la forêt de pins de 400 hectares qui fut plantée pour fixer les dunes et aussi aux luxueux hôtels et villas qui s'établirent autour

du Casino et autres lieux de plaisir, nécessaires aux riches estivants! Depuis, un port de plaisance a été installé. Mais c'est aussi la douceur du climat qui vaut à la Baule la fidélité de ses touristes! Dans le parc des Dryades, mimosas et palmiers n'ont pas à souffrir de l'hiver.

Un peu en arrière du littoral, Guérande est une petite ville très intéressante. Bâtie sur un plateau, elle est ceinturée de remparts du XVème siècle qui s'ouvrent par quatre portes, entre des tours fortifiées. L'église est une collégiale des XIIIème et XVème siècles, de style romano-gothique. La porte Saint-Michel, dénommée château, contient un musée qui retiendra l'attention des curieux de vieux meubles et de costumes locaux.

Deux vues du port du Croisic; au-dessus, la cité fortifiée de Guérande. A droite, la plage de la Baule, la plus grande d'Europe.

La route côtière se poursuit au-delà de Pornichet, par quelques petites stations, vers Saint-Nazaire, à l'embouchure de la Loire, l'une des portes océaniques de notre pays. Et, pour cette raison, comme Lorient, elle fut une poche de résistance à la libération. En mars 1942, un commando britannique de débarquement prit pied dans le port, détruisant des installations de sous-marins. La délivrance ne devait venir que trois ans plus tard. La ville était alors en ruines.

Ici encore, la reconstruction a été menée à bien. Saint-Nazaire a repris sa place de grand port et les chantiers navals de l'Atlantique — où fut construit le "France" — sont de nouveau en activité.

LA GRANDE BRIERE

Entre le canal de Nantes à Brest et l'estuaire de la Loire s'étend la Grande Brière, une région très particulière qui contraste avec l'ensemble de la Bretagne. Cette vaste presqu'île est un ancien golfe marin que comblèrent les alluvions. Les marées n'en continuèrent pas moins d'y pénétrer par des échancrures de la côte. Ainsi se forma une zone de marais, bientôt délimitée par de petits canaux qui devaient faciliter l'extraction de la tourbe et son transport.

Depuis 1970, la Brière constitue un parc régional naturel de 40.000 hectares, dont 7.000 sous les eaux. Une vingtaine de villages groupe une population de pêcheurs-paysans qui sait tirer parti des ressources de la région et des possibilités touristiques. Des promenades en barque sont organisées dans cette Venise paysanne.

Au centre du parc, Saint-Joachim et l'île de Fédrun ont gardé beaucoup de caractère. De vieilles maisons blanches apparaissent entre des bosquets de feuillages.

A gauche, le pont suspendu sur l'embouchure de la Loire et, au-dessous, le port de Saint-Nazaire. A droite et ci-dessous : images de la Brière.

NANTES,
UNE GRANDE CITÉ AU RICHE PASSÉ

Deux capitales régionales : Nantes et Rennes. Elles se répondent — l'une au sud, l'autre au nord de la péninsule armoricaine — et, dit-on parfois, se jalousent! Deux grandes cités au passé riche d'histoire, devenues, surtout au cours de notre siècle, deux grands centres industriels et commerciaux. Une route directe les relie, qui forme une sorte de second front du terroir breton, en arrière de la perpendiculaire Fougères, Vitré, Châteaubriant.

Nantes, comme ses sœurs bretonnes, est un port d'estuaire. Il connut son plus grand essor au XVIIIème siècle, alors que le trafic du "bois d'ébène" — entendons celui des esclaves — acheté à bas prix sur les côtes d'Afrique et revendu aux Antilles contre la canne à sucre faisait la fortune des armateurs, dont on peut voir encore les belles demeures aux balcons de fer forgé.

La Convention mit fin au trafic, ce qui augmenta l'hostilité aux idées républicaines. Et ce furent les noyades organisées par Carrier, que son excès de zèle mena lui-même à l'échafaud.

La crise qui suivit la Révolution, l'insuffisance du port quand vint le temps des navires de gros tonnages amenèrent de profondes mutations dans la vie nantaise. Saint-Nazaire se substitua peu à peu à Nantes pour les affaires maritimes. Mais la ville se reconvertit vers l'industrie, la construction navale. Elle tend à

A Nantes, façade de l'un des célèbres hôtels du 18ème siècle; l'entrée du château (ci-contre); les voûtes de la cathédrale et la noble perspective du cours Cambronne (à droite).

prendre sa place de capitale régionale des pays de Loire, dont elle est l'active tête de pont.

De son passé, Nantes a gardé de beaux souvenirs : la cathédrale, plusieurs fois détruite et reconstruite, en partie après la dernière guerre; la psalette, charmant édifice du XVIème, le château ducal, où naquit Anne de Bretagne, en 1476, où elle épousa Louis XII à 23 ans et où Henri IV signa, un siècle plus tard, le fameux Edit de Nantes qui devait mettre fin aux guerres de religion. Mais le château fut aussi prison et reçut des hôtes illustres : Gilles de Rais, le cardinal de Retz, la duchesse de Berry. La vieille ville offre, enfin, d'étonnantes rues piétonnes, autour de la place Royale et de la place Graslin.

RENNES METROPOLE

Si Nantes est porte océanique, Rennes est la porte terrienne de la Bretagne. Véritable plaque tournante, elle lance vers l'ouest les voies routières et ferroviaires, en direction de Saint-Brieuc, Brest et Quimper. C'est la cité administrative, que son développement industriel a fait déborder en des quartiers périphériques dont les tours de trente étages dominent à présent la vieille ville.

Celle-ci, détruite aux trois quarts par l'incendie, en 1720, fut reconstruite par le célèbre architecte Gabriel, dans un style sévère mais qui ne manque pas de grandeur. On peut en juger par le quartier que borde la Vilaine, entre la cathédrale, bâtie au XIXème siècle dans le goût baroque, et les ruelles voisines aux maisons à pans de bois, où quelques artisans maintiennent une tradition vivante.

Le monument majeur est le Palais de Justice, ancien Hôtel du Parlement, construit au début du XVIIème siècle par Salomon de Brosse. On

y admire les plafonds à caissons, les tapisseries et les boiseries du Grand Siècle. Les musées sont également dignes d'intérêt, notamment le Musée des Beaux-Arts, riche en peintures françaises du XIXème, et le Musée de Bretagne, qui permet de suivre toute l'évolution de la province, de la préhistoire à notre temps.

Parmi les événements du passé, il faut rappeler le tournoi qui eut lieu à Rennes en 1337, au cours duquel Bertrand Du Guesclin, âgé de 17 ans, put révéler sa vaillance au combat, et le mariage par procuration de la duchesse Anne avec Maximilien d'Autriche. Le roi de France, Charles VIII, prit ombrage de cette union; il vint mettre le siège devant Rennes pour contraindre la jeune duchesse à répudier son lointain mari. La ville menacée de disette, Anne céda aux supplices de la population et consentit à rencontrer Charles VIII. La sympathie naquit. Les fiançailles furent célébrées à Rennes en 1491. Il ne restait plus qu'à demander à la Cour de Rome l'annulation des deux mariages blancs: celui d'Anne avec Maximilien et celui de Charles VIII avec Marguerite d'Autriche!

Aujourd'hui Rennes est la capitale intellectuelle de la Bretagne. Son université justement réputée embrasse toutes les disciplines: lettres, droit, sciences, médecine. De grandes écoles y sont aussi installées: une école nationale d'architecture, un conservatoire de musique et même une école de notariat.

Vue générale du centre de Rennes. Cette photo, un peu ancienne, permettra aux visiteurs actuels de mesurer l'évolution de la grande cité. L'Hôtel du Parlement de Bretagne, devenu le Palais de Justice.

DES CHATEAUX-FORTERESSES

Fougères, Vitré, Châteaubriant, trois cités posées comme des bastions à la frontière franque, trois citadelles devenues les portes d'entrée de la Bretagne. Chacune a son château et son histoire.

Fougères, dès le Moyen-Age, est une place militaire que les barons s'empressent de fortifier! Elle recevra les coups de boutoir, lors des conflits entre les barons et le duché, entre les Bretons et leurs voisins. La révolte des Chouans y naît, à l'instigation du marquis de le Rouërie, général dans l'armée américaine de l'Indépendance, et qui, de retour en France, organise la guérilla. Il meurt en 1793, au moment où elle éclate!

Le château aux trois murs d'enceinte est comme une ville dans la ville, avec ses remparts, ses douves et ses tours aux toits pointus couverts d'ardoise. La plus imposante, la Mélusine, a 31 mètres de hauteur et des murs de 3 m 50 d'épaisseur. Balzac, Hugo, Chateaubriand ont vécu à Fougères pour en évoquer l'histoire : Balzac avec *les Chouans*, Hugo avec *Quatre-Vingt-Treize*. Chateaubriand y venait voir ses sœurs.

Vitré, poste avancé de Rennes, fut le fief de la Réforme avec les Coligny. Son château s'ouvre sur un pont-levis. Il est défendu par une enceinte flanquée de trois tours. A l'intérieur de la ville, les rues tortueuses sont faites de maisons aux façades revêtues d'ardoise ou bâties en encorbellement.

Châteaubriant, à mi-distance de Vitré et de Nantes, dresse aussi ses tours rondes et coiffées d'ardoise sur l'éperon d'un rocher. Le donjon médiéval domine la vallée de la Chère. Dans le Grand Logis, construit par Jean de Laval, on visite la chambre où ce mari jaloux tint sa femme enfermée onze ans. La malheureuse Françoise de Foix y mourut en 1537.

De gauche à droite, les châteaux de Josselin, Fougères, Vitré. Ci-contre, le grand calvaire de Guéhenno et un autre, près de l'église.

En arrière de ces villes frontalières qui évoquent un passé de luttes commence la Bretagne des bocages et des landes, peuplée de villes et de bourgs : Redon, marché de la pomme et de la châtaigne; Ploërmel, qui fut résidence des ducs de Bretagne; Josselin, avec son château-forteresse dont la façade richement décorée contraste avec l'aspect sévère de ses tours à mâchicoulis; Pontivy qui fut Napoléonville, le temps d'un empire, et dont Bonaparte voulait faire le centre stratégique de la province. Plus au nord, Lamballe, capitale des comtes de Penthièvre, ceinte de remparts; Loudéac, fief des Rohan. Il n'est pas un bourg qui n'ait ici son château ou son abbaye!

L'ARGOAT, "LE PAYS DES BOIS"

Entre les villes et les bourgs : la Bretagne intérieure, la partie lâ plus secrète de la province, l'Argoat, "le pays des bois". Une campagne de vergers et de bocages, avec des rivières et des lacs cachés sous les frondaisons. Des forêts de légendes où errent les *korrigans* et les *morganes*, les lutins et les fées de la terre bretonne.

Du château de Combourg, où vécut Chateaubriand, à l'abbaye de Boquen, perdue dans sa forêt, et, plus loin, jusqu'au-delà de Josselin, étangs et bois alternent, que l'on découvrira au hasard des routes qui sillonnent l'Argoat.

Il faut s'attarder autour de Paimpont, vers le Val sans retour, la Haute-Forêt, vestiges couvrant encore sept mille hectares de l'immense sylve qui s'étendait sur toute la contrée, quand Joseph d'Arimathie s'en vint de la Palestine, portant le Graal, cette coupe de la Cène où il avait recueilli quelques gouttes du sang du Christ. Mais la coupe disparut avec Joseph. Six siècles plus tard, le roi Arthur et les Chevaliers

Ci-dessus, deux des très belles décorations polychromes de l'église du Faouët. A gauche, statuette dans l'église de Pleyben. A droite, deux paysages caractéristiques de l'intérieur de la Bretagne.

de la Table ronde partaient à la recherche de la coupe sacrée. Cette "quête du Graal" est l'une des plus belles légendes de la chrétienté et de la mythologie celtique. Perceval, le héros au cœur pur, a inspiré Wagner, nombre de poètes du verbe et de l'image! A la fontaine de Barenton, la fée Viviane rencontra Merlin, l'enchanteur enchanté que son amie enferma dans un cercle magique.

Plus à l'ouest, aux environs de Mur-de-Bretagne, la forêt de Quénécan et le lac de Guerlédan, s'ils sont moins riches de légendes, n'en offrent pas moins des aspects de toute beauté où les eaux vives chantent sous les hêtres, grondent dans les gorges du Blavet et du Daoulas. C'est ici le cœur de l'Argoat.

Vers la poche du Finistère, les Montagnes Noires, au sud, les monts d'Arrée, au nord, sont également sites sauvages, où la pierre et l'eau, l'arbre et la plante composent d'admirables paysages. Huelgoat en est le centre.

Huelgoat! Sources, ruisseaux, torrents, forêts sacrées,

Rumeur des pins pareille aux rumeurs des marées,

Longs appels des chevreuils, comment vous oublier?

chantait le poète Le Goffic. Le camp gaulois d'Artus, le Gouffre, la Pierre tremblante, le Chaos, le lac, la grotte du diable... La nature toute entière est ici poésie et légende. Après cette plongée dans l'immémorial, on émerge, ébloui. Pleyben et son calvaire, Chateaulin et ses quais paisibles. On retrouve la Bretagne familière. L'enchantement s'est effacé mais le souvenir en demeure...

Aspects de la Bretagne intérieure : près de Landerneau; les ruines du château de Tonquedec; un moulin sur le Dourouf; la forêt du Huelgoat : le pays des Druides.